GOLDMANN

W0194740

Autor

Hans Kruppa, Jahrgang 1952, lebt als Schriftsteller in Bremen. Er hat mehr als zwanzig Bücher veröffentlicht. In seinen Gedichten feiert Hans Kruppa das Positive, das in uns ist und auf seine Entdeckung wartet. Nur wer sich auf den Weg macht in sich selbst und weitergeht, wird Schritt für Schritt von anderen Menschen immer mehr verstehen. Er sagt von sich: »Schreiben ist für mich die zum Beruf gemachte Berufung: eine Tätigkeit, die mir auf den Leib geschrieben ist – eine bleibende Faszination, ein buchstäbliches Abenteuer, das mich zu immer neuen Ufern der Phantasie trägt.«

Hans Kruppa

Nur wer sich liebt

Gedichte

Mit sieben Grafiken
von Annette Güschow

GOLDMANN VERLAG

Der Goldmann Verlag
ist ein Unternehmen der Verlagsgruppe Bertelsmann

Made in Germany · 3/91 · 3. Auflage
Genehmigte Taschenbuchausgabe
© 1984 by Franz Schneekluth Verlag, München
Umschlagentwurf: Design Team München
Umschlagillustration: Design Team München
Druck: Elsnerdruck, Berlin
Verlagsnummer: 8971
UK · Herstellung: Heidrun Nawrot/Sc
ISBN 3-442-08971-9

WER IST SCHON,
wer er ist?
Wer weiß schon
so gut um sein Wesen,
um es zu leben
in seiner ganzen Eigenart,
von Augenblick
zu Augenblick
in einfacher Natürlichkeit,
wie jeder Baum,
wie jeder Strauch
am Weg?

An sich vorbeizugehen
ist keine Kunst,
kein Wagnis,
keine Mühe;
Gesellschaft, Trost
und Anerkennung
finden sich zur Genüge
auf jedem Fluchtweg
vor sich selbst.

Wer in sich geht,
der geht allein,
denn er kann nur einmal
er selber sein.

NUR WER SICH
auf den Weg macht
in sich selbst
und immer weitergeht,
wird Schritt für Schritt
von andren Menschen
immer mehr verstehen,
womöglich mehr bald
als sie selber
von sich sehen.

Wer in sich geht,
geht gleichzeitig in andere,
denn die geheime
Einheit allen Lebens
offenbart sich
in der Tiefe
der Selbstentdeckung.

Jeder ist
seines Rätsels
Lösung.

WIE EIN PENDEL,
das nie zur Ruhe kommt,
setzen wir uns beharrlich
über unsere Mitte hinweg,
als gelte es,
der Wahrheit unseres Wesens
auszuweichen.

Wie ein Uhrwerk,
das niemals stillsteht,
laufen wir
an der Zeitlosigkeit vorbei,
die in uns wartet
auf den Moment
des stillen Schauens,
dem keine Absicht,
keine Hoffnung
und kein Wünschen
mehr die Klarheit nehmen,
in dem wir frei
von Angst und Zweifel
dem Leben
auf den Grund sehen.

SO VIELE MENSCHEN ähneln
in ihrem Seelenleben Vögeln,
auf denen ein lähmender Unglaube
an ihre eigenen Möglichkeiten lastet,
der sie daran hindert,
ihre Flügel zu gebrauchen
und sich aufzuschwingen
in den Himmel
ihres eigenen Wesens.

So bleiben sie an den Boden
ihrer Innenwelt gefesselt
und betrügen sich
um das befreiende Erlebnis
seelischer Vogelperspektiven.

NUR WER SICH KENNENLERNT,
der lernt sich lieben.
Wer fremd sich bleibt –
wie soll er sich vertrauen,
wie sich fallen lassen
in den Schoß seines Wesens?

MIT LAUTER STIMME

redet der Kopf
am Eigentlichen vorbei.
Auch wer Gefühlen nachgeht,
wird früher oder später
seinen Weg verlieren,
denn das Denken kann
das Fühlen leicht verwirren.

Hört man die leise Stimme
der Seele nicht,
verirrt man sich
im Labyrinth
unzähliger Gedankengänge.

Allein die Seele
erreicht das Denken nicht.
Sie ist das schattenlose Licht
am Ausgang des Irrgartens,
das Ende allen Wartens,
sie ist die untrübbare Klarheit,
weder Lust noch Schmerz,
sie ist gelebte Wahrheit
jenseits von Kopf und Herz.

DIE SEELE BIRGT
den vergessenen Teil
des Ganzen.
Sie ist ein himmlisches Geschenk,
aber der Mensch hat Angst,
es auszupacken –
Angst vor den
Gaben der Götter.
Er packt es weg,
läßt es verstauben
und widmet sich
mit ganzer Kraft
dem Offensichtlichen.

Auf einem Bein
geht er
sich verloren.

Die Seele lechzt
nach der Umarmung
mit dem Körper,
der Himmel sehnt sich
nach der Berührung
mit der Erde.

Aus ihrer
gegenseitigen Durchdringung
entsteht der ganze Mensch.

MAN HÖRT BISWEILEN,
es sei nicht gut,
sich selbst zu lieben.
Mit gleichem Recht
ließe sich sagen,
es sei nicht gut,
überhaupt zu lieben –
denn wer nicht einmal
mit sich selbst,
also dem Naheliegendsten,
in Liebe umgehen kann,
vermag dies auch
mit keinem anderen.

Nur wer
sein eigener Geliebter ist,
nur wer sich selbst genießt,
kann ein Genuß
für andre sein.
Wer mit sich selbst
auf keinem guten Fuße steht,
wie soll er die Balance halten,
wenn er zum andren geht?

Denn der Weg in die Liebe
führt über ein Hochseil.
Ihn zu gehen bedarf es
tiefen Selbstvertrauens.
Und man vertraut nur wirklich,
wenn man liebt.

ES IST SO WICHTIG,
zu sich selbst zu stehen,
denn wer mit sich
in Zwietracht lebt,
der findet keinen Frieden
und keine Zeit,
sich zu vereinigen
mit dem geheimen Sinn,
der jedes Leben speist.

Wer sich nicht liebt
und nicht vertraut,
wird immer auf der Flucht
vor seinem eigenen Wesen sein,
von einem Abweg
auf den anderen geraten
und in einer Öde enden,
in der nicht einmal er
sein Freund ist.

WER IN SICH RUHT,
kann anderen Erholung bieten.
Wer bei sich selbst
zu Hause ist,
kann andren ein
Gefühl von Heimat geben
und ihre Sehnsucht wecken
nach der Geborgenheit
im eigenen Inneren.

WIE VIELE MENSCHEN sind Fremde
in ihrem eigenen Haus,
leben ohne Lust im eigenen Körper,
unbewußt im eigenen Bewußtsein,
ausgesperrt vor ihrer Herzenstür,
und ihre Seele ist ihnen
ein Buch mit sieben Siegeln.

Sie wissen genau,
was in der Zeitung steht,
doch haben keine Ahnung,
wie es ihnen wirklich geht.
Man wird sie selten
um einen Kommentar verlegen sehen,
aber die Sprache des Schweigens
können sie kaum verstehen.
In der Gesellschaft
haben sie eine Position gewonnen,
doch in Gesellschaft mit sich selbst
fühlen sie sich unwohl, beklommen.

Ihr Leben steht kopf,
kopflastig fällt es
sich zur Last.

Nichts liegt ihnen ferner
als sie selber.

GEWASCHEN BIN ICH
mit den Wassern der Welt,
aber getrunken habe ich
nicht von ihnen –
so gingen sie mir nicht
unter die Haut.
Bekannt ist mir
die allgemeine Wirklichkeit,
aber vertraut wird sie
mir niemals sein.
Stünde ich mit der Welt
auf ›Du und Du‹,
müßte ich ›Sie‹
zu meiner Seele sagen –

hier,
wo Geld die Sprache ist,
die jedermann versteht,
und Macht das letzte Wort hat,
wo die Gewalt dominiert
und Liebe besser getötet
als gelebt wird,
wo Frieden
gegenseitige Erpressung ist –
und Freiheit zwar in aller Munde,
doch in wenigen Herzen.

Ich weiß, wo ich lebe;
aber ich lebe, wo ich nicht weiß.

Dies ist nicht Flucht
vor Wirklichkeit,
sondern in sie hinein.

Ein jeder geht doch dorthin,
wohin es ihn zieht.
Jeder wirkt seinen Teil
ins Ganze ein,
auf seine Weise,
in seiner Weisheit.

Und jeder Weg ist einzigartig
und führt immer nur
einen Menschen an den Ort,
an dem sich alle wiederfinden.

ICH SAH RATLOSE
ihre Ratlosigkeit verkaufen
als hohe Literatur,
ich sah Häßliche
ihre Häßlichkeit ausgeben
als Ehrlichkeit,
ich sah Feiglinge
sich den Anschein geben
von Entschlossenheit.
Armselige sah ich
auftreten als Propheten –
und sie bekamen Applaus,
und sie hatten Erfolg.

Ich sah Heuchler
ihre Heuchelei rechtfertigen
als feine Art,
Mißgünstige
ihre Mißgunst verschleiern
als Kritik,
Gescheiterte
ihr Scheitern adeln
als Lebensklugheit.
Ich sah Blinde
Blinde führen
in immer größere
Ausweglosigkeit –
und sie hatten
den größten Zulauf.

Unwirklich ist die Welt
der Betrüger und Betrogenen,
absurd das Theater
der Lügner und Belogenen.
Hier bestimmt
der Schein das Sein.

Welch traurige Komödie!
Schauspielerei ersetzt hier
wesentliches Leben,
freudloser Mummenschanz
verkündet sich stolz
als Wirklichkeit.
Und natürlich ist
in diesem Theater
der Notausgang verstellt
von furchterregenden Kulissen.

Hier ist gefangen
und zum Mitspielen verdammt,
wer nicht sehen kann
mit den Augen der Seele,
die alles Falsch durchschauen
wie Fensterglas.

SO VIELE MENSCHEN LEBEN
im Exil ihrer Möglichkeiten
und gehen auf der Suche
nach der verlorenen Heimat
einen Irrweg nach dem anderen –
und finden keine Ruhe.

Rastlosigkeit ist ein Zeichen
zu großer Entfernung
vom inneren Zuhause.
Unruhe ist eine
Art von Verzweiflung
über die Entfremdung
vom wahren Selbst.

Wer bei sich ist,
hat Frieden
und ist still –
wie ein gestilltes Kind.

IN MEINEM TRAUM
ging ich durch überfüllte Straßen.
Alle Passanten sah ich
in Schwarz-Weiß,
und um ihr Herz herum
trugen sie unsichtbare Ketten,
die bei jedem ihrer Schritte
unhörbar rasselten,
und mir erschien die ganze Stadt
als ein Gefängnis
mit ahnungslosen Insassen,
die sich in Freiheit wähnten
und blind dahergingen
in ihrem unglaublichen Irrtum.

Nur zweien lief ich
über den Weg,
zwei unter Hunderten,
und sie allein sah ich in Farbe,
in allen Farben der Palette
ihrer Gefühle füreinander,
und ihre Herzen
schlugen ungehindert Leben
in ihre Augen,
in die ich schaute
und erwachte –
mit einem Lächeln,
das nicht mehr
auszulöschen ist.

WIE GERN WÜRDE ICH
unter Menschen leben,
die das Schloß vor ihrem Herzen
längst weggeworfen haben
und frei atmen.

Es wäre schön,
sich zu begegnen
ohne Angst und ohne Masken,
sich zu erkennen
vom ersten Augenblick an
und wenig Worte machen zu müssen,
weil Seelen sich viel leichter
im Schweigen einander schenken.

KEIN ANDERER kennt mich
besser als ich –
doch kenne ich mich schlecht.
Ich muß noch lernen,
der zu sein,
der ich schon bin.
Schleier um Schleier
muß ich von mir entfernen,
bis ich ganz unverhüllt bin,
ganz wahr, ganz echt.
Was ich mit Worten von mir
nehmen kann an Hüllen,
wird diese Verse
mit Bedeutung füllen.

Ein seelischer Entblößungsakt –
die Seele sagt,
am liebsten sei sie nackt,
und alle Kleidung
sei Verkleidung,
die nur quäle.
So schreibe ich mir
die Maskerade von der Seele.
Wort für Wort
werfe ich sie fort,
Zeile für Zeile –
ohne Eile
laß ich sie niedergleiten
auf leere, weiße Seiten.

Die Zeit ist reif,
die Kälte überwunden.
Die Seele jubelt!
Sie hat das Land
endlosen Sommers
nach langer Suche
als einen Zustand
in sich selbst gefunden.

Der Sommer ist mein Wesen,
er ist mir zugedacht.
Draußen, im Frost
der allgemeinen Wirklichkeit,
herrscht unentwegter Winter:
die ganze Welt lebt
unter dem Gefrierpunkt.
Längst bin ich von dort ausgewandert –
ins Landesinnere der Seele.
Wohin sollte ich sonst gehen?
Heimat ist dort,
wo Leben wachsen
und sich entfalten kann.
Eisblumen leben nicht,
Eisblumen wärmen nicht
mit ihrer toten Pracht;
sie helfen nicht,
die Kälte zu ertragen.

So sagte ich zur Welt:
»Lebe unwohl,
wenn es dir so gefällt.
Ich mag kein Schneemann werden,
so lange ich lebe auf Erden.«

Dann ging ich in mich.

Ich werde wiederkehren,
wenn ich das Land ewigen Sommers
in mir erschlossen habe,
wenn ich die Lieder meiner Seele
auf dem Instrument
des Alltags spielen kann –
mit einem Lächeln,
das sein eigener Grund ist.

ICH BIN EIN WEG
ins Unbekannte –
jeder bewußte Atemzug
ist mir ein Schritt
in unerforschtes Land.
Ich bin in fließender Bewegung
und nenne diese Bewegung Glück.
In mich hinein
gehe ich mit dem Leben
auf eine Reise ohne Ende.
Ich bin der Weg,
und ich bin es,
der ihn geht:
der Reisende ist
seine eigene Reise –
verschmolzen sind beide
zu einem Sinn.

Voller Geheimnis ist der Sinn,
sich selbst treu bleibend
in stetiger Veränderung,
manchmal zum Lachen reizend,
manchmal Andacht erweckend,
der keine Grenzen heilig sind.

Entgrenzung ist meine Bestimmung,
überall ist meine Heimat,
also nirgendwo.
Ungewißheit ist meine Sicherheit.
Was ich weiß,
ist falsch.
Im Nichtwissen
öffne ich mich
dem Wahren.

UREIGENE WEGE geht die Seele.
Sie folgt ihrer eingeborenen Weisheit
und kümmert sich nicht
um die Wirklichkeit der Welt.

Wie oft bin ich
ihr nicht gefolgt:
aus Angst, aus Not
und manchmal aus Bequemlichkeit –
aber nie war es richtig,
nie war es gut so.
Besser wäre es gewesen,
ich hätte sie nicht
im Stich gelassen.
Besser wäre es gewesen,
ich wäre mit ihr gegangen
durch dick und dünn.

Aber aus Irrtum
entsteht Orientierung.

Immer schwächer gerät mir der Widerstand
gegen die Kräfte der Seele;
immer leichter fällt es mir,
zu vertrauen und nicht zu fragen:
»Wo liegt der Sinn?
Warum ist es so schwierig?
Und wenn es scheitert?«

Ich lerne,
der Macht zu folgen,
die Augen hat
zu sehen,
was wirklich ist.

DIE STIMME der Seele
ist die Stimme des Sinnes;
ihre Worte, wie auch ihr Schweigen,
nenne ich Wahrheit.
Wie oft gebe ich mich
ihr gegenüber wie ein Trotzkopf,
der es besser zu wissen meint!
Wie oft bin ich zu laut
in meinem Denken
und höre ihre feine Stimme nicht,
wenn sie zu mir spricht.

Ich werde geführt
an liebender Hand,
die mich nicht hält,
wenn ich mich von ihr löse
und in die Irre gehe.
Sie läßt mich ohne Sorge
auf Abwege geraten
und wartet geduldig
auf meine Rückkehr.
Sie braucht mich nicht –
und liebt mich doch:
so lerne ich,
auch sie zu lieben.
Sie weiß es besser –
und läßt mir dennoch freie Wahl:
so lerne ich,
immer genauer auf sie zu hören.

Sie gibt mir
alle Zeit der Welt:
so reife ich ihr
in Gelassenheit entgegen.

Am Ende wird
ihre Stimme meine sein,
mein Schweigen das ihre.

ICH BIN ein Gläubiger.
Meine Dreieinigkeit heißt:
Freiheit – Liebe – Frieden.
Ich glaube an
die frohe Kraft des Lebens.
Ich glaube, weil ich fühle.

Kein Geist begeistert mich,
der nicht dem Frieden dient
in seinem Tun und Lassen.
Ich akzeptiere keine Macht,
die mich nicht überzeugt
durch die Autorität der Liebe.
Kein Leben kann ich
als wirklich frei empfinden,
das ich nicht fühlen kann
in seinem Freudenfluß
ins Uferlose.

Mich zu sehen,
bedarf es eines Blickes,
der nach innen strömt;
mit mir zu gehen,
bedarf es eines Durstes
nach der Quelle reinen Lebens.

Meine Kraft ist sanft und weich
wie die des Wassers.
Ich bin geboren
im Zeichen des Wassermanns,
im Jahr des feuerspeienden Drachens.
Feuer und Wasser sind in mir,
Erde und Luft.
Eine ganze Welt bin ich:
in mir läßt es sich leben.

IN MIR ist schon
seit langem ein Gefängnis.
Es wurde frühzeitig
in mich hinein gebaut –
als Instrument des Strafvollzugs.
All meine Schuld lag darin,
daß ich eins war mit mir.

Ich wehrte mich aus Leibeskräften
gegen die Übermacht der Seelenspalter –
vergeblich:
der eine Teil von mir
kam hinter Schloß und Riegel,
der andere wurde bald
als Wärter ausgebildet.
So wurde ich beizeiten
in Sicherheit gebracht
vor meiner Freiheit.
Man trennte mich von ihr,
weil man sie nicht zerstören konnte;
man hielt mich von ihr fern,
in der Erwartung,
daß ich sie bald vergessen würde.

Aber niemals vergißt man
sein eigenes Wesen.

Es bleibt eine Ahnung.
Es bleibt eine bohrende Sehnsucht –
und sie zermürbte die Mauern,
machte sie porös und brüchig:
immer mehr Licht, immer mehr Wärme
strömten in den Gefängnisraum.

Der Wärter sieht schon lange keinen Sinn
in seiner Arbeit mehr.
Meine Gefangenschaft schwindet dahin
wie ein unguter Traum.

Der Moment des Erwachens
ist der Moment der Befreiung,
der Moment der Wiedervereinigung
getrennten Lebens.
Und er kann nicht umhin
zu kommen:
mit unabänderlicher Sicherheit
rückt er näher und näher
an sich heran.

Ich werde frei sein,
denn darin liegt mein Sinn.
Ich werde der sein,
der ich bin.

AM WICHTIGSTEN ist die Seele,
nichts kommt ihr gleich
an Pracht und Wahrheitsreichtum.
Sie zu mißachten, heißt,
an sich selbst vorbeizuleben.
Sie zu entbehren, heißt,
wie in Trance zu wandeln.
Sie nicht zu kennen, heißt,
noch nicht geboren zu sein.

Auf den Gipfeln der Berge
wohnt sie in tiefster Stille.
In den Wipfeln der Bäume
entdeckt sie mein offener Blick.
In dem Glitzern der Sterne
zeigt sie mir ihr Gesicht.
In dem Licht,
das Laternen über die Bucht werfen,
flimmert sie, tanzt sie
schwerelos auf dem Wasser,
in zauberhafter Schönheit.

Wenn ihre Gegenwart
aus meinen Augen leuchtet,
erkenne ich sie
in allem,
was ich sehe.

IN ANSPRUCH GENOMMEN
bin ich über alle Maßen
von inneren Geburtswehen.

Als neuer Mensch werde ich
aus mir hervorgehen,
und sterben muß,
was mich aus sich gebiert,
um mir die Rückkehr
unmöglich zu machen.

Schwindelerregend hoch
erscheint der Preis
für ein neues Leben;
doch zahle ich ihn am Ende gern,
denn nichts käme mich
teurer zu stehen,
als am alten festzuhalten.

Offen und weit
breitet sich Neuleben
vor mir aus
wie unberührte Landschaft,
durch die ich gehen werde,
ohne Spuren zu hinterlassen.

AUFGEBROCHEN
ist das Saatkorn
neuer Möglichkeiten,
zerstört das Gehäuse
trügerischer Sicherheit.

Zart und schwach noch
wächst der Keim
der Oberfläche zu,
doch schon erfüllt
von Vorfreude
auf ungehinderte Entfaltung –

dem Licht
einer Welt entgegen,
die seinem Wachstum
keine Grenzen setzt.

NEUE SICHTWEISEN

erschließt sich mein Empfinden,
in der Balance
zwischen Ernst und Spiel.

Auf neuen Wegen
geht mein Leben
behutsam,
ganz bewußt,
und jeder Schritt
erreicht ein Ziel.

Als leeres, weißes Blatt
empfinde ich mich,
voll unbeschreiblicher Bedeutung,
und alle Schrift darauf
verdeckt die Wahrheit
bloßen Lebens.

ICH WAR schon immer
auf der Suche nach
einem bestimmten Menschen.
Heute weiß ich:
dieser Mensch bin ich.
Überall habe ich
nach ihm Ausschau gehalten,
in fremden Ländern,
in unzähligen Büchern,
auf allen Wegen,
die ich ging.
Nun sehe ich:
ich bin im Kreis gelaufen;
meine Suche führte mich
zurück zu ihrem Anfangspunkt.
So fand ich mich wieder.

Ich selbst bin der,
den ich überall suchte.
In mir ist alles,
was ich außer mir vermutete.

ICH PFLÜCKE TRAUBEN
von den Reben
innerer Fruchtbarkeit,
mache
aus ihnen Wein:
den schenke ich
in Wortgefäße ein,
auf daß
die Augen trinken,
was die Seelen
durstig macht
nach mehr.

ICH SCHREIBE,
weil ich überfließe –
manchmal hinein in Wortgefäße.
Ich schreibe über mich –
für alle,
die schon aufgebrochen sind,
inneres Neuland zu erforschen;
vielleicht kann mein Empfinden
ihnen als Hilfe dienen.
Ich schreibe auch
für jene,
die noch zögern,
ihre Reise zu beginnen;
vielleicht kann,
was sich mir in Worte gab,
ihnen die Ahnung dessen geben,
was auf sie wartet –

denn,
ist mein Weg auch einzigartig,
so hat er doch
mit anderen Gemeinsamkeiten,
wie jeder Mensch
in jedem anderen
manches von sich entdecken kann.

Ich schreibe
ohne Plan und Absicht;
ich lasse es geschehen,
daß Sinn sich Worte sucht,
mit ihnen spielt,
um auf sich anzuspielen –
und spiele mit.

Wer denkt,
daß ich mitunter,
in der Begeisterung des Spiels,
nicht bei der Wahrheit bleibe
oder zumindest übertreibe,
der halte ein:
es könnten seine
eigenen Möglichkeiten sein,
die ich beschreibe.

IMMER AUFS NEUE erregend
ist das Spiel mit Ideen,
der liebevolle Umgang
mit der Sprache,
aber er hinterläßt keine
wirkliche Zufriedenheit.

Worte sind
Schritte im Nebel,
Gedankengänge sind
Wege durch das Niemandsland
zwischen Lüge und Wahrheit,
gelenkt von der Zuversicht,
der Wahrheit näher zu kommen
als der Lüge.

GEDANKEN SIND

Feinde meiner Seele.
Besitzergreifend zerren sie
mich fort vom Weg in die
Glückseligkeit puren Empfindens,
verlocken mich, wie jetzt,
zum Spiel mit ihren Möglichkeiten,
bei dem ich Poesie gewinne,
aber mich verliere.
Sie halten mich zurück von der
Vereinigung mit meinem Selbst,
denn eins mit mir bin ich
für sie verloren,
und ihre Art ist es,
mir keine Freiheit
von ihnen zu gewähren.
Wie eifersüchtige Liebhaberinnen
kämpfen sie unentwegt
um meine Aufmerksamkeit,
gönnen mir keine Unabhängigkeit,
denn sie wissen nur zu genau
um ihre Unzulänglichkeit;
wären sie sich ihres Wertes
und meiner Liebe sicher,
ließen sie mich widerstandslos gehen,
wohin auch immer es mich zieht.

Aber sie können mich nicht
allzu lange an sich fesseln.
Nichts kann mich zurückhalten
von meiner inneren Freiheit.

SECHZIG, SIEBZIG,
vielleicht achtzig Jahre
lebt meine Seele
in Liebeseinheit
mit dem Körper:
sie, die nichts ist
als grenzenlose Freiheit –
mit ihm,
der gebunden bleibt
in so vieler Hinsicht,
bis er sich auflöst
und seine Partnerin freigibt,
die durch ihn zu lernen hat,
selbst in Gefangenschaft
aus Liebe nicht
ihre Freiheit zu verraten,
auch wenn es alles andere
als möglich scheint.

DAS LEBEN in mir
liebt sich
und genießt sich
und ist in Frieden
mit sich.

Ich richte mein Empfinden
ganz nach innen,
lasse mich ziehen
in den Sog zur Mitte –
und erlebe zeitlose Erfüllung
jenseits allen Denkens,
Wünschens, Handelns.

Unwiderstehlich
ist die Anziehungskraft
des Wesenskerns!
Sich ihr zu überlassen,
heißt,
eins mit sich zu werden,
heißt,
sich nach Hause
bringen zu lassen –

zu einem Wohnsitz,
der sich nicht
erfassen läßt.

ICH ERTRINKE,
ich verbrenne
in den Feuerwellen
liebesvereinter Elemente
innerer Wirklichkeit.

Das ist kein Schmerz,
ist keine Lust,
kein Lachen
und kein Weinen –
geheimnisvolle Leere
ist es,
Leben und Sterben
in einem.

Ich weiß nicht,
wie mir geschieht,
weiß nur,
daß ich passieren lasse,
was zu sich kommen will –

in tiefstem Vertrauen
in die Kräfte,
die mich bewegen
auf dem Weg
in mich.

NACH HÖCHSTEM GENUSS
inneren Friedens
tauche ich auf,
ganz eins mit mir.

Ich sah:
die Seele birgt in ihrer Tiefe
den wesenhaften Teil des Menschen:
sie ist das göttliche Geschenk,
das nicht entfaltet wurde,
sondern verlegt, vergessen –
bei der Erschließung des weltlichen.

So ist der Mensch fehlerhaft,
denn ihm fehlt seine bessere Hälfte.
So ist er aus dem Gleichgewicht:
nur Tag, nicht Nacht,
nur Flut, nicht Ebbe,
nur Außen, nicht Innen.

Voller Sehnsucht
wartet die Seele
auf die Umarmung
mit dem Körper.
Aus solcher Vereinigung
entsteht der Mensch
von Welt und Himmel.

ICH FEIERE MICH.
Ich bin erfüllt
von gestilltem Leben –
ein Lächeln von Kopf bis Fuß,
in dem das Lachen besänftigt,
das Weinen befreit ist –
ein strömendes Ruhen
im Gleichgewicht des Glücks.

Ich jubiliere
und atme Sternenlicht.
Mein Herz spürt
grenzenlose Weite
und staunt mit Kinderaugen.

Und alles fließt,
fließt über,
ist sich mehr
als genug.

Mit mir allein kann ich
in seligmachender Gesellschaft sein.

Und ich danke dem Leben,
meinem Gott,
mit einem Blinzeln
in der Dunkelheit.

ALLEIN MIT MIR
kann ich mich gehen lassen –
in das, was kommt.
Nichts lenkt mich ab,
nichts hält mich fest,
wenn es mich zieht –
ins Lebensinnere.

Schon ströme ich,
werde Teil des Strömens,
werde das Strömen selbst,
spüre,
wie es mich treibt –
in die Ekstase
des Ursprünglichen.

Ein Fließen bin ich,
das in seine Quelle mündet.

AM ANFANG WAR DER SINN,
und der Sinn
kam zu Wort
in allen Sprachen
der Schöpfung –
im Strahlen der Sonne,
dem Funkeln der Sterne,
dem Duft der Blumen,
dem Flug der Vögel,
dem Rauschen des Wassers
und Tanzen des Feuers,
dem Heulen des Windes
und seinem Lachen.

Ein Sinn
schuf sich zahllose Sinne,
mit denen er sich leben fühlte –
in der vielgestaltigen Pracht
seines Wesens.

Zurück zu diesem Einen Sinn
kehrt alles,
was von ihm kommt,
ohne ihn jemals
verlassen zu können.

Alles Leben folgt dem Gesetz
von Abschied und Wiedersehen,
ohne daß eine Trennung
möglich wäre.

Widersinnig
klingt der Sinn
im Zusammenspiel
mit der Sprache.

DAS ENDE des Wünschens
liegt nicht im Tod,
sondern im immer neuen
Wahrnehmen des Lebens,
das uns mit Überfluß versorgt –
in jedem Augenblick.

Ich mische mich
nicht mehr in
meine Zukunft ein –
und die Vergangenheit
lasse ich ungestört
vergangen sein.
Ich flüchte weder
in Erinnerungen noch Erwartungen.
Ich bleibe in der Gegenwart.
Was immer sie bringt,
bringt mich dem Eigentlichen näher.

Ich habe nichts zu verlieren
und nichts zu gewinnen.
Ich bin, was kommt,
und ich bin, was geht.
In immer tieferer Gelassenheit
gehe ich durch
Gewinn und Verlust –
im Wissen,
das eines das andere braucht.

Nichts geht,
wie ich es will;
alles geht seinen eigenen Weg.
Ich habe keine andere Wahl,
als nachzugeben und zu folgen.
Dies zu erkennen
und nicht dagegen anzukämpfen,
bedeutet, sich zu befreien.

Ich glaube an den Augenblick,
denn er allein birgt Glück.
In seiner Tiefe
löse ich mich
in schieres Leben auf
und vergesse mich
im Genuß der Hingabe.

TIEFER UND TIEFER

sinke ich
in meine Mitte.
Hier ist mein Leben
ohne Schuld, ohne Gedanken
und ohne Alter;
hier findet sich das Ende
allen Kämpfens, allen Suchens;
hier liegt Befreiung
von den Gegensätzen;
hier wartet Einheit
in endloser Geduld
auf ihre Entdeckung.

Hier gibt es keine Angst mehr –
vorm Leben nicht
und nicht vorm Sterben:
denn eines ist das andere,
und alles ist
ein einziges Bejahen.

In tiefer Stille liege ich
wie auf dem Grunde
eines Meeres voller Frieden.
Wie Muschelschalen
öffnen sich hier die Sinne
für das Wunderbare.

ICH BIN EIN KIND DER SONNE,
ein Freund des Mondes,
die Sterne sind meine Geschwister,
ihr Licht ist mein Gesicht.

Ich bin Sand in der Wüste,
Wasser in den Flüssen
und Flammen im Feuer.

Ich bin elementar,
ich fließe, brenne, treibe,
ich folge meinem inneren Gesetz,
wohin es mich auch führt.

Ich übereigne mich dem Leben.
Ich erkläre,
daß ich nichts bin
als Sein.

DIE FREUDE INNEN
drängt nach außen,
will teilen,
sich mitteilen.

Frühling schenkt sich
der Stadt;
Sonne strahlt
wilden Frohsinn
in die Luft,
erwärmt die Gemüter
der Passanten.

Ich gehe ziellos
durch die Einkaufstraßen,
mische mich
in den Menschenstrom,
öffne mein Lächeln allen,
die sich ihm nicht verschließen,
gebe und bekomme,
komme an,
gehe weiter,
gebe weiter,
fühle,
was an Gutem möglich wäre
zwischen Fremden –
in einer Wirklichkeit,
in der die Herzen
Freiheit leben.

WIE REINE FREUDE
in mir fließt und lächelt,
wenn ich ganz still bin!

Menschenleer ist der Park
nach dem Schauer,
Regentropfen fallen
auf mein Gesicht
wie kleine Küsse
von den Bäumen.

Schritt für Schritt
laß ich die Zeit weiter
hinter mir zurück.

Ich bleibe stehen
und schließ die Augen:
alles in mir steht frei,
ein leichter Wind
weht durch mich hindurch,
als sei ich eine
weit offene Tür.

In dieser Stille
bin ich ohne Wunsch,
fast ohne Atem.

Mein Herz strahlt
lichte Wärme in mich ein,
beseligt mich
mit seiner Sanftmut.

TIEF INNEN
ist ein Reich,
in dem die Macht
der Zeit gebrochen ist,
und kein Gedanke,
keine Regung der Gefühle
stört das Erleben
reiner Ewigkeit.

Nirgendwo sonst
bin ich geborgen
als hier,
wo alle Wünsche,
alle Sorgen enden,
wo meine Sehnsucht
lächelnd ihre Augen schließt
und sich zur Ruhe legt.

Und ich küsse
ihr zufriedenes Gesicht
mit den Blicken
meiner Dankbarkeit.

IN DIE MITTE
geht der Weg –
Meditation
ist einer seiner Namen.
Über alle Technik
führt er hinaus
in die Natürlichkeit
bloßen Empfindens.

Kein Reisebericht,
keine Wegbeschreibung
können eigene Suche ersetzen –
denn jeder ist
sein eigener Fremdenführer.

Dies zu entdecken
ist der erste Schritt,
nach dem es
kein Zurück mehr gibt.

ICH HABE NICHT zu gefallen.
Ich habe ehrlich zu sein
in meinen Worten;
kein anderer Maßstab
gilt mir mehr.

Ich gebe,
was ich zu vergeben habe.
Mein Geben ist
sein eigener Sinn.
So bin ich unabhängig
von Tadel oder Lob.

Man tue mich als einen Träumer ab –
und ich werde wachsam sein.
Man nenne mich einen Verrückten –
und ich werde in der Mitte bleiben.
Man erkenne mich als einen Narziß –
und ich werde mich der Liebe schenken.
Man sehe in mir einen Schönredner –
und ich werde schön schweigen.
Man halte mich für ein Rätsel –
und ich werde mich lösen.

Man gebe mir alle Namen der Welt:
nicht einen werde ich annehmen,
denn keiner kann meinem Wesen entsprechen.
Gelassen weist es jede Einordnung zurück,
denn es ist nicht zu trennen
von der Einen Ordnung.

Ich bin entgrenzter Raum
und Mittelpunkt in einem.
In mir ist Platz genug
für Spruch und Widerspruch.

Ernst und Witz
halten sich mühelos im Gleichgewicht,
Schwere und Leichtigkeit
haben leichtes Spiel miteinander,
Schwäche und Stärke
wissen sich gegenseitig zu genießen.

Mit dem Zünglein an der Waage
spreche ich für die Mitte.

ÜBERALL BIN ICH ein Fremder
auf dieser alten Welt,
in jedem Land,
an jedem Ort,
wohin ich meinen Körper bringe,
in welcher Sprache auch gesprochen,
mit welcher Währung auch gezahlt wird.

In mir ist eine neue Welt
von gänzlich anderer Art.
Und überall,
wohin ich in ihr gehe,
bin ich zu Hause,
denn sie kennt eine Sprache nur,
die Stille,
und ihre einzige Währung
ist die Liebe,
und diese Welt ist reich:
sie hat im Überfluß,
woran es überall sonst mangelt.

Leicht ist der Weg dorthin:
gehe ich nur einen Schritt,
werde ich schon aufgenommen
und getragen auf der
Sänfte des Geschehenlassens,
in ein Land,
in dem es keine Armut gibt,
nicht Zwang noch Kampf,
kein Gestern und kein Morgen:
ein Reich,
in dem ich König bin,
ein König ohne Hof und Untertanen,
jenseits von Angst und Sorgen.

MEINE HEIMAT ist die Mitte
zwischen den Gegensätzen;
hier lebe ich
im Geheimnis des Gleichgewichts –

zwischen Ekstase und Leid,
in tiefer Heiterkeit;
zwischen Hitze und Frost,
in immermildem Klima;
zwischen Innen und Außen,
nach beiden Seiten offen;
zwischen Starre und Bewegung,
in fließender Ruhe;
zwischen Ja und Nein,
im Wedernoch.

Verschmelzung, Ausgleich
ist mein Wesen,
die Schwelle
ist mein Reich,
im Niemandsland
bin ich zu Hause.

Es ist nicht schwierig,
dort zu leben –
und auch nicht leicht.
Wie oft bin ich,
in Zweifel und Verwirrung,
von dort geflohen –
in die Extreme
des Entzückens und Entsetzens.

Doch immer wieder zog es mich
zurück zum Mittelpunkt –
denn nirgendwo anders fand
meine Liebe zu der Tiefe Nahrung.
Nur von der Mitte aus
ist Tiefe zu gewinnen:
dort,
wo das Pendel stehenbleibt,
wenn man es nicht mehr antreibt.
In die Tiefe
führt der Ausweg
aus dem Hin und Her,
aus dem Widerstreit der Gegensätze –
ins Hier und Jetzt,
in den Frieden der Vereinigung.

Die Tiefe im Inneren –
ich fühle es –
ist bodenlos:
ein freier Raum,
offen nach allen Seiten
und Dimensionen,
ein Abenteuer ohnegleichen,
eine Entdeckungsreise,
die Zeit und Mut erfordert –
und Vertrauen ins Vertrauen.

UNBEDEUTEND BIN ICH:
ein Tropfen
im Ozean der Schöpfung,
ein Sandkorn
in ihrer Wüstenweite –
und dennoch trage ich
das Geheimnis ihres Wirkens
so tief in mir,
als dehnte ich mich
ins Unendliche aus.

Ich erlote,
ertaste,
erlebe mir
mein Leben.
Auf dieser Entdeckungsreise
genieße ich Aussichten
innerer Landschaft,
die mir den Atem nehmen.

Manchmal verliere ich
meinen Orientierungssinn,
fühle mich klein und verirrt
wie ein Käfer in hohem Gras –
aber genieße auch das
und sorge mich nicht
um meinen Weg.

Früher oder später
zieht es mich
unweigerlich dahin,
wo die Freude
am stärksten pulsiert
und mich kunstvoll
in ihren Rhythmus einwirkt.

WIE ICH die Stille liebe!
Die Stille –
nicht die tote Ruhe.
Die Stille,
die sich nicht fürchtet,
Musik zu sein,
Wind
oder das Rauschen einer Brandung,
der Schrei eines Vogels.

Stille und Dunkelheit:
beide weisen sie
mir den Weg
zum eingeborenen Licht –
mit ihrer Unaufdringlichkeit.

Ich lausche –
lausche mich langsam
auf den Grund der Stille –
dort, wo kein Denken ist,
sondern nur Fühlen,
feinsichtiges Empfinden –
dort, wo befreiter Sinn
spielerisch aufsteigt
und, an der Oberfläche,
sich zu Worten formt,
die in die Tiefe deuten.

Die Botschaft der Stille
offenbart sich
jenseits aller Worte,
und keine
noch so feine Sprache
kann sie übermitteln;
doch sie kann
eine Spur erzeugen,
die gelesen werden kann.

Nur wer bedingungslos lauscht,
kann verstehen.
Nur wer sich selbst
zu unberührtem Boden macht,
kann die Saat empfangen,
deren Früchte
von Sehnsucht befreien.

WIE DIE PFLANZEN

Licht und Wasser
zum Gedeihen brauchen,
bedarf die Seele
zweier Einflüsse
zur ungehinderten Entfaltung:
Liebe und Selbstvertiefung.

Liebe ist
wie das Wachstum
eines Baumes in die Höhe,
Selbstvertiefung gleicht
dem Eindringen seiner Wurzeln
ins Erdreich.
In gleichzeitiger Ausdehnung
nach oben und nach unten
gewinnt er an Größe.

Wer nur
in seine Tiefe geht,
scheitert an mangelnder Lichtzufuhr.
Wer sich nur
auf die Liebe versteht,
bleibt darin ohne Wurzeln
und wird vom ersten
starken Wind verweht.

LIEBHABER DER SEELE
suchen die Stille
und die Abgeschiedenheit,
denn inneres Leben
entfaltet sich am liebsten
in ungestörter Außenwelt.

Wer seine Seele einlädt
und erhofft,
daß sie ihn liebevoll
umarmt und küßt,
sorge dafür,
daß er allein ist.

RUHE DES KÖRPERS
und Stille im Geist
sind die Schlüssel
zum Eingang in die Seele –
unser inneres Zuhause,
in dem wir voll
und ganz geborgen sind,
jenseits von Zweifel,
Angst und Suche.

Das Paradies
wartet in uns.
Wir brauchen es
nur aufzusuchen.

Muße erfordert der Weg
und viel Geduld
und Liebe als Reiseproviant –
und absichtslose Zielbewußtheit.

IM ATEM
liegt ein Kompaß
auf dem Weg
zu innerer Heimkehr.

Der Perlentaucher
muß seinen Atem anhalten,
um Schätze vom
Meeresgrund zu bergen.
Der Taucher in
die eigene Wessentiefe
läßt seinem Atem
freien Lauf,
denn er spürt:
wie immer dieser
sich auch verhält,
er wird geführt
von der unfehlbaren
Sehnsucht der Seele
nach ihrer Welt.

DAS EIGENTLICHE LEBEN

liegt in der Tiefe
des Empfindens –
unter der Oberfläche
der Alltäglichkeit.
Über der Oberfläche
ist alles Sein
nichts als ein Schatten
seiner selbst –
im trügerischen Licht
der Gewohnheit.

Wie leicht ist es
zu leben,
ohne wirklich zu sein.
Wie selten dominiert
das Eigentliche
über den Schein.

Dieses Verhältnis umzukehren,
liegt an uns allein.

TIEFER ALS DIE tiefsten Gedanken
geht das innere Schweigen.
Besser als die besten Erkenntnisse
ist die vollkommene Stille im Geist.
Schöner als die schönsten Bilder
ist die nackte Leere des Bewußtseins,
das Nichts, die Mittellosigkeit,
denn Leben versteht sich am tiefsten,
erkennt sich am besten,
erlebt sich am schönsten –
unmittelbar.

Worte, Gedanken und Bilder
sind nur Begleiter
bis zu der Tür,
hinter der sich
ein grenzenloser Raum auftut,
in dem das Leben
mit sich eins ist
und sein ursprüngliches Wesen
ungestört genießt.

ES GIBT
eine innere Schwerkraft,
die zieht uns in die Tiefe,
wenn wir uns ihr hingeben,
und hebt uns gleichzeitig
in die Höhe:
mit den zwei Polen
ihrer Kraft.

Auf beiden Wegen
kommen wir
bei uns an.

WIE HOLZKLÖTZE
in einer Flußströmung
treiben Gedanken auf der
Oberfläche des Bewußtseins,
stoßen geräuschvoll aneinander,
verdrängen sich wechselseitig;
wie Fische
tummeln sich Gefühle
unter ihr,
wirbeln durcheinander,
kämpfen ums Überleben,
vernichten sich gegenseitig.

Erst am
Grund bewußten Empfindens
herrschen wunschlose Gelassenheit
und vollkommener Frieden,
unangefochten
von Ideen und Emotionen,
deren geringes spezifisches Gewicht
ihnen das Eingehen
in die Tiefenschichten des Erlebens
nicht ermöglicht.

Unerreichbar
ist das Reich der Stille
selbst den tiefsten
Gedanken und Gefühlen.

So bleibt es
unberührt und rein –
reines Sein.

WENN ALLES GEDACHT
und gesagt ist,
was Sprache tragen konnte,
hört das Schweigen nicht auf,
sich noch in seiner
tiefsten Stille mitzuteilen,
denn eine Quelle
kann nicht umhin
zu sprudeln.

Gedichtanfänge